LE PLAN ORIGINEL

DE DIEU

POUR L'HOMME

James O. KUDURA

Publié par :Rina MARIELLO Editons

DEDICACE

Ce livre est dédié à tous les chrétiens du monde afin qu'ils découvrent le plan originel de Dieu attaché à leur appel ; et ainsi qu'à toute personne voulant expérimenter le dessein de Dieu pour sa vie sur la terre.

Sauf indication contraire, les textes bibliques sont tirés de la Bible version Louis Segond

PREFACE

A cette époque qui promulgue la théorie du « négationnisme créationnel », c'est-à-dire, où tous ceux qui refusent de se soumettre à la souveraineté de Dieu sur le monde ont emboîté le pas sur la théorie de l'évolution des espèces, prônée par Darwin, il parait alors important de parler de l'origine de l'homme selon la Bible.
Pour nous, évangélique, notre foi repose sur ce que la Bible proclame, sur tous les éléments de la vie. Nous croyons donc, d'après la Bible, que l'homme ne descend pas de l'évolution des primates, mais que l'homme a été créé par Dieu.

Or Dieu ne pouvait pas propulser l'homme sur la terre sans qu'Il lui assigne un programme particulier à exécuter. Ce programme de Dieu a pour but d'orienter la destinée de l'homme sur la terre. On appelle ce programme le plan de Dieu pour l'homme. S'agissant de ce plan, depuis l'origine divine de l'homme sur la terre, on parle alors du plan originel. Ce plan est spécifique pour chaque homme.

Il est donc important pour l'homme qui vit sur la terre de découvrir et de comprendre le sens et la valeur du plan de Dieu pour sa vie afin de réussir cette vie sur la terre.

Ce livre est un excellent outil pour conduire chaque enfant de Dieu qui le lit à découvrir et à entrer dans le but de Dieu pour l'homme.

Evêque Martin MUTYEBELE
Nouvelle Jérusalem
Bruxelles/Belgique

PROLOGUE

*T*out bon créateur avant de passer à la réalisation de son œuvre, commence d'abord par la conception d'un plan. Un plan qui par la suite constituera une référence totale de ce que sera l'œuvre.
Dans le processus de la planification, le plan commence d'abord dans la tête du concepteur, puis celui-ci le mettra par écris pour lui permettre de bien exécuter son plan.

Notre Dieu, en tant que créateur ne s'est pas exclu de ce principe. Il avait une idée, Il l'a conçue dans Sa pensée, puis Il a mis Son idée sous forme d'un plan.

Le plan original de Dieu pour l'homme est la disposition initiale que Dieu avait établie bien avant de créer l'homme. La Bible, Parole de Dieu, nous dit qu'Il est le créateur de toutes choses. Toutes les choses qui existent dans le visible et dans l'invisible ont été créées par Dieu.

Ainsi parle l'Éternel, ton rédempteur, Celui qui t'a formé dès ta naissance: Moi, l'Éternel, j'ai fait toutes choses, Seul j'ai déployé les cieux, Seul j'ai étendu la terre.
Esaïe 44:24

Car en lui ont été créées toutes les choses qui sont dans les cieux et sur la terre, les visibles et les invisibles, trônes,

dignités, dominations, autorités. Tout a été créé par lui et pour lui.
Il est avant toutes choses, et toutes choses subsistent en lui.
Colossiens 1:16-17

Le Maître de l'univers, le Seigneur de la création avant de créer l'homme a commencé d'abord par se représenter ce que sera cet homme dans Sa pensée, c'est l'essence du plan originel de Dieu :

Puis Dieu dit: Faisons l'homme à notre image, selon notre ressemblance, et qu'il domine sur les poissons de la mer, sur les oiseaux du ciel, sur le bétail, sur toute la terre, et sur tous les reptiles qui rampent sur la terre.
Genèse 1:26

La Bible est la voie par excellence qui nous aide à découvrir ce plan. Car Dieu a révélé ce plan au travers de sa Parole, voilà pourquoi nous voulons explorer la Parole de Dieu afin de découvrir ce plan. Ma prière est qu'au travers de ces quelques lignes le Saint-Esprit vous illumine afin que vous découvriez le plan originel de Dieu pour votre vie, Au nom de Jésus-Christ ! Amen.

Au commencement était la Parole, et la Parole était avec Dieu, et la Parole était Dieu.
Elle était au commencement avec Dieu.
Toutes choses ont été faites par elle, et rien de ce qui a été fait n'a été fait sans elle.
Jean 1 : 1-3

INTRODUCTION

1 Corinthiens 2 :6-11

« ⁶ Cependant, c'est une sagesse que nous prêchons parmi les parfaits, sagesse qui n'est pas de ce siècle, ni des chefs de ce siècle, qui vont être anéantis;
⁷ nous prêchons la sagesse de Dieu, mystérieuse et cachée, que Dieu, avant les siècles, avait prédestinée pour notre gloire,
⁸ sagesse qu'aucun des chefs de ce siècle n'a connue, car, s'ils l'eussent connue, ils n'auraient pas crucifié le Seigneur de gloire.
⁹ Mais, comme il est écrit, ce sont des choses que l'œil n'a point vues, que l'oreille n'a point entendues, et qui ne sont point montées au cœur de l'homme, des choses que Dieu a préparées pour ceux qui l'aiment.
¹⁰ Dieu nous les ont révélées par l'Esprit. Car l'Esprit sonde tout, même les profondeurs de Dieu.
¹¹ Lequel des hommes, en effet, connaît les choses de l'homme, si ce n'est l'esprit de l'homme qui est en lui? De même, personne ne connaît les choses de Dieu, si ce n'est l'Esprit de Dieu ».

Ce texte de la Parole de Dieu nous montre qu'il existe une sagesse qui n'est pas des hommes mais de Dieu. Cette sagesse est mystérieuse comme le souligne la Bible. Cela veut dire qu'elle n'est pas exposée, ni mise à découvert mais elle est cachée.

Le livre de Proverbes 25 : 2 nous dit ceci :

« *La gloire de Dieu, c'est de cacher les choses; La gloire des rois, c'est de sonder les choses.* »

Les choses de Dieu ne sont pas superficielles. Ce sont des choses cachées, profondes et enfouies.

⁶ Que tes œuvres sont grandes, ô Éternel! Que tes pensées sont profondes!
⁷ L'homme stupide n'y connaît rien, Et l'insensé n'y prend point garde.

Psaumes 92 :6,7

La stupidité nous éloigne de Dieu, elle nous évite de connaître les choses de Dieu.
C'est quoi la stupidité ?

- C'est le manque d'intelligence.
- C'est l'absence du raisonnement et de la réflexion.

Il est malheureux d'entendre des gens dire que les choses de Dieu sont spirituelles et par conséquent, elles n'exigent pas la réflexion et le raisonnement. D'autres disent aussi qu'il ne faut pas associer l'intelligence aux choses de Dieu. A cause de ce genre de réflexion, beaucoup de chercheurs et scientifiques sont devenus incrédules. Mais, j'aimerai signifier que les choses de Dieu sont des choses mystérieuses, cachées, profondes, et difficiles à comprendre et qu'il est dangereux d'essayer d'y pénétrer sans l'intelligence et la réflexion.

« *O profondeur de la richesse, de la sagesse et de la science de Dieu! Que ses jugements sont insondables, et ses voies incompréhensibles!* »
Romains 11 :33

Refusez l'ignorance, bannissez la stupidité, et Dieu s'approchera de vous !

Cette sagesse mystérieuse, Dieu l'avait prédestinée pour notre gloire nous dit la Parole de Dieu : « ***nous prêchons la sagesse de Dieu, mystérieuse et cachée, que Dieu, avant les siècles, avait prédestinée pour notre gloire,*** »*1Corinthiens 2 :7*

Deux termes nous intéressent dans ce texte :
- Prédestinée
- Gloire

La bonne compréhension de ces deux mots est très importante pour quiconque veut marcher avec assurance dans la vie chrétienne.

Cependant, dans la plupart de cas, plusieurs chrétiens ignorent ou manifestent une forte méconnaissance sur le vrai sens de ces deux mots.

1. Prédestiné

Ce mot, est la composition du préfix <u>pré</u> et du mot <u>destiné</u>. Le mot destiné dérive du verbe « destiner ».

Ces deux mots signifient :
- Pré : avant, origine
- Destiner : réserver, programmer

Prédestiner : réserver à l'avance ou programmer à l'origine.[1]

La Bible dit que cette sagesse est prédestinée. Cela veut dire que c'est une sagesse qui est réservée à l'avance, dès l'origine de temps (avant les siècles).

2. Gloire

Ce mot dans la plupart de cas est souvent utilisé seulement dans son aspect de la louange dans la communauté chrétienne. Il est aussi identifié à une atmosphère que l'Esprit de Dieu crée lors des réunions charismatiques, lorsque les gens entrent en transe on dit qu'il y a la gloire de Dieu.

D'autres représentent même la gloire par des images montrant les anges chantant, sonnant des trompettes dans les nuées ; soit un homme (vieillard) assis sur le trône dans des brouillards et on appelle cela la gloire.

Ce mot gloire, a une signification beaucoup plus large que l'on utilise souvent.

Il y a deux mots hébreux et grecs qui ont été traduit par gloire dans la Bible. Il s'agit de *kabod* et *doxa*. Kabod et doxa signifient : honneur, louange, nature, essence.

Ce sont souvent les deux premières significations de la gloire qui sont utilisées dans les communautés chrétiennes. Et les deux autres sont souvent négligées.
Pourtant, elles sont d'une importance capitale dans la compréhension totale du terme gloire.

1

Toute créature de Dieu est dotée d'une gloire. Cela veut dire que chaque créature a une essence (sa véritable nature qui n'a pas subi de modification, ou qui n'a pas été affectée). L'Apôtre Paul l'a illustré dans sa lettre aux corinthiens.

« *⁴¹ Autre est l'éclat du soleil, autre l'éclat de la lune, et autre l'éclat des étoiles; même une étoile diffère en éclat d'une autre étoile.*
⁴² Ainsi en est-il de la résurrection des morts. Le corps est semé corruptible; il ressuscite incorruptible;
⁴³ il est semé méprisable, il ressuscite glorieux; il est semé infirme, il ressuscite plein de force; »
1Corinthiens 15 :41-43

Ainsi:
- le soleil a sa gloire (son éclat)
- la lune a sa gloire
- les étoiles ont leur gloire
- les animaux ont leur gloire
- les plantes ont leur gloire
- Dieu a Sa gloire

La Parole de Dieu nous dit que Dieu a une sagesse cachée, réservée pour notre gloire, pour la gloire de l'homme. Une sagesse qui fera que l'homme reflète sa vraie nature, sa vraie essence, et sa vraie identité.

Beaucoup aujourd'hui ont perdu leur vraie nature, leur vraie identité, en acceptant l'identité que le monde ou la société leur a donnée. Pourtant la Parole de Dieu nous signale que le monde ne connaît pas cette sagesse. Le monde détourne l'homme de son identité, de sa gloire, à cause des problèmes, des aléas de la vie et des circonstances qui surviennent. Notre société favorise la perte de notre vraie essence, c'est ce qui fait que l'homme perd sa gloire.

Voilà pourquoi il y a cette croissance de criminalité dans nos sociétés, il y a une forte croissance de la délinquance juvénile, des suicides volontaires, de la toxicomanie, de la prostitution, de l'homosexualité, etc. toutes ces choses sont des produits de notre société qui empêchent l'homme à vivre sa gloire.

Vous avez une vraie nature. La personne que vous êtes aujourd'hui n'est peut être pas votre vraie identité. Elle est ce que le monde avec son système vous ont offert. Mais il y a un vrai "vous" qui est caché.

« Mais, comme il est écrit, ce sont des choses que l'œil n'a point vues, que l'oreille n'a point entendues, et qui ne sont point montées au cœur de l'homme, ... »

Votre vraie identité, ne c'est peut être jamais révélé à vous vous n'y avez jamais pensé ou imaginé. Vos yeux ne l'ont jamais vue, ni vos oreilles l'ont entendue. Mais c'est quelque chose que Dieu a préparé pour vous.

Dieu l'a préparé à l'avance ; mais à cause du diable, cela ne sera accessible que par une catégorie des gens. Qui sont ces gens ? Ceux qui aiment Dieu.

Pour être bénéficiaire de la sagesse de Dieu, de votre gloire, pour vivre les choses que Dieu a prédestinées, vous devez être compté parmi ceux qui aiment Dieu.

> « *Cependant, c'est une sagesse que nous prêchons parmi les parfaits, sagesse qui n'est pas de ce siècle, ni des chefs de ce siècle, qui vont être anéantis;* »
> *1 Corithiens 2 :6*

Le monde ignore cette sagesse, aussi longtemps que vous serez du monde, vous ne pourrez pas expérimenter cette sagesse. Vous avez besoin d'être compté parmi *les bien-aimés* de Dieu. Pourquoi ? Parce qu'il vous faut une révélation pour expérimenter cette sagesse.

> « *Dieu nous les a révélées par l'Esprit. Car l'Esprit sonde tout, même les profondeurs de Dieu.* »
> *1Corinthiens 2 :10*

Donc, Sans être compté parmi les aimés de Dieu, pas d'Esprit !
Sans l'Esprit de Dieu, pas de révélation !
Sans la révélation, pas de sagesse !

Les choses de Dieu sont cachées, mystérieuses, raison pour laquelle vous avez besoin de l'Esprit de Dieu pour qu'Il vous les révèle.

> « *Lequel des hommes, en effet, connaît les choses de l'homme, si ce n'est l'esprit de l'homme qui est en lui? De même, personne ne connaît les choses de Dieu, si ce n'est l'Esprit de Dieu.* »
> *1Corinthiens 2 :11*

3. La Personne du Saint-Esprit

Nous sommes arrivés à comprendre que le Saint-Esprit est indispensable dans notre vie, car c'est Lui qui nous révèle la sagesse de Dieu pour notre vie.

Alors, la compréhension de Sa Personne nous est nécessaire car, malgré son indispensabilité la Personne du Saint-Esprit est souvent mal comprise et mal utilisée dans nos communautés. Souvent le Saint-Esprit est utilisé pour les faits de tomber, de trembler et d'entrer en transes. Cependant, nous ignorons le but pour lequel le Seigneur Jésus-Christ nous a fait la promesse du Saint-Esprit. N'oublions pas que là où le but est ignoré l'abus est certain.

La Parole de Dieu nous montre clairement que le travail de l'Esprit de Dieu est de nous révéler la sagesse que Dieu a cachée.

Le Seigneur Jésus avant de quitter la terre a dit ceci:

« Mais le consolateur, l'Esprit Saint, que le Père enverra en mon nom, vous enseignera toutes choses, et vous rappellera tout ce que je vous ai dit. »
Jean 14 :26

Le rôle du Saint-Esprit est celui de nous enseigner et de nous instruire. Nous enseigner et nous instruire quoi? *La Sagesse de Dieu !*

Le Prophète Joël dit:

« [28] Après cela, je répandrai mon esprit sur toute chair; Vos fils et vos filles prophétiseront, Vos vieillards auront des songes, Et vos jeunes gens des visions.

²⁹ Même sur les serviteurs et sur les servantes, Dans ces jours-là, je répandrai mon esprit. »
Joël 2 :28-29

Les fils et les filles prophétiseront c'est-à-dire : « Annoncer à l'avance les événements futurs par inspiration surnaturelle. » Les vieillards auront des songes. Et les jeunes auront des visions.

<u>La vision</u>: c'est le fait de voir le futur, c'est la révélation de l'avenir.

C'est cela le rôle du Saint-Esprit dans la vie des chrétiens.

Il est là pour la révélation de la sagesse de Dieu. Pour nous révéler notre nature, notre gloire.

1

LE PLAN ORIGINEL DE DIEU POUR L'HOMME

*L*homme figure parmi les thèmes principaux de la Bible.

En effet, tout ce que Dieu fait sur la terre et tout ce que Dieu veut, Il le fait par l'entremise de l'homme et au bénéfice de l'homme.

La Bible, Parole de Dieu est une révélation de Dieu à l'homme.

Le Dieu invisible, l'incompréhensible, le Tout-puissant, l'impénétrable qui veut se faire comprendre à l'homme.

C'est au travers de la Bible que l'homme peut enfin pénétrer l'impénétrable et comprendre le domaine de Dieu.

« *¹ Au commencement était la Parole, et la Parole était avec Dieu, et la Parole était Dieu.*
² Elle était au commencement avec Dieu.
³ Toutes choses ont été faites par elle, et rien de ce qui a été fait n'a été fait sans elle.
⁴ En elle était la vie, et la vie était la lumière des hommes.
⁵ La lumière luit dans les ténèbres, et les ténèbres ne l'ont point reçue.
⁹ Cette lumière était la véritable lumière, qui, en venant dans le monde, éclaire tout homme.
¹⁰ Elle était dans le monde, et le monde a été fait par elle, et le monde ne l'a point connue.
¹⁴ Et la parole a été faite chair, et elle a habité parmi nous, pleine de grâce et de vérité; et nous avons contemplé sa gloire, une gloire comme la gloire du Fils unique venu du Père. »
Jean 1 :1-5, 9, 10,14

La Parole de Dieu démontre que Dieu agit au travers de toutes choses pour le bien de l'homme. Et, elle détermine aussi à quel genre d'homme à qui il fait bénéficier ces choses: « l'Homme qui L'aime ». Pour cet Homme, Dieu a un dessein pour lui.

« *Nous savons, du reste, que toutes choses concourent au bien de ceux qui aiment Dieu, de ceux qui sont appelés selon son dessein* ».
Romains 8:28

Ici le terme dessein signifie: une intention préconçue, une pensée originelle, un plan ou projet conçu à l'avance.
Dieu a un plan pour l'homme. Un dessein, un plan prémédité. C'est ce que nous appelons **LE PLAN ORIGINEL DE DIEU POUR L'HOMME**. La question reste à savoir quel est ce plan?

Le texte de **Romains 8:28-30** nous révèle ce plan originel:

« *²⁸ Nous savons, du reste, que toutes choses concourent au bien de ceux qui aiment Dieu, de ceux qui sont appelés selon son dessein. ²⁹ Car ceux qu'il a connus d'avance, il les a aussi prédestinés à être semblables à l'image de son Fils, afin que son Fils fût le premier-né entre plusieurs frères. ³⁰ Et ceux qu'il a prédestinés, il les a aussi appelés; et ceux qu'il a appelés, il les a aussi justifiés; et ceux qu'il a justifiés, il les a aussi glorifiés. »*

1. Connaître d'avance

« Car ceux qu'il a connus d'avance,... »
Dieu vous connaissait à l'avance. Avant que vous veniez au monde, avant que vous soyez conçu dans le ventre de votre mère, Il vous connaissait. Le fait que vous soyez né, en est la preuve tangible. Peu importe la manière à laquelle vous êtes venu au monde, peu importe votre nationalité, votre culture, votre race, le niveau de vie que vous menez, votre famille, Dieu vous connaissait à l'avance.

La manière à laquelle vous êtes né importe peu. Selon la conception de Dieu, il n'existe pas des enfants illégitimes au monde. Tout enfant est légitime au près de Dieu. L'existence d'une personne sur la terre la rend d'office légitime aux yeux de Dieu.

« ¹³ C'est toi qui as formé mes reins, Qui m'as tissé dans le sein de ma mère.

¹⁴ Je te loue de ce que je suis une créature si merveilleuse. Tes œuvres sont admirables, Et mon âme le reconnaît bien. »
Psaumes 139:13,14

2. La Prédestination

Dieu vous connaissait à l'avance, en vous connaissant, Il vous avait prédestiné, c'est-à-dire, Il avait réservé à l'avance une place pour vous. Il y a une place, un positionnement, un mode de vie, un style de vie réservé par Dieu pour chaque homme ici sur la terre. Tout ce que vous devriez vivre sur cette terre, Dieu l'avait prédestiné.

« *Quand je n'étais qu'une masse informe, tes yeux me voyaient; Et sur ton livre étaient tous inscrits Les jours qui m'étaient destinés, Avant qu'aucun d'eux existât.* »
Psaumes 139:16

Cette place réservée n'est pas n'importe quelle place. Car la Parole de Dieu détermine comment sera cette place.

« *... il les a aussi prédestinés à être semblables à l'image de son Fils, afin que son Fils fût le premier-né entre plusieurs frères.* »
Romains 8:29

Semblable = comme
Image = nature

Dieu veut que l'homme soit comme Son Fils; qu'il porte la nature de son Fils. Son Fils est Roi, Il veut que l'homme soit aussi roi afin que son Fils soit le Roi des rois.

Son Fils est Seigneur, Il veut que l'homme soit aussi seigneur, afin que Son Fils soit le Seigneur des seigneurs.

3. L'Appel

« Et ceux qu'il a prédestinés, il les a aussi appelés;... »

Dieu connaissait l'homme à l'avance, Il lui avait réservé aussi une place à l'avance. Mais le diable par sa ruse a voulu faire échouer le plan que Dieu avait conçu pour l'homme.

À cause du diable, l'homme a maintenant du mal à découvrir et à vivre le plan de Dieu. Voilà pourquoi il y a l'étape de l'appel, car sans l'appel, il est impossible de vivre le plan de Dieu.

L'appel implique la réintroduction dans la famille de Dieu. Parce que le diable avait réussi à faire sortir l'homme de la maison de Dieu. Il est impossible de vivre le plan de Dieu tout en étant du monde. Être du monde: c'est rester en dehors de la famille de Dieu. C'est vivre selon le système que le monde a établi.

Dieu vous appelle pour vous dignifier, vous rendre digne; digne d'expérimenter les choses qu'Il a préparées pour vous à l'avance.

4. La Justification

« ... et ceux qu'il a appelés, il les a aussi justifiés;... »

La justification est le fait de remettre une personne dans ses droits. Étant dans Sa famille, Dieu vous remet dans vos droits. Alors, vivre son plan devient par conséquent un droit.

À cet effet, rien ne peut s'opposer à vous, aucun n'obstacle ne peut vous empêcher d'expérimenter les choses pour lesquelles Dieu vous a prédestinées.

5. La gloire

« ...*et ceux qu'Il a justifié, Il les a aussi glorifiés.* »

Ceci est le dernier niveau du plan originel de Dieu pour Ses enfants. C'est la volonté ultime de Dieu pour son peuple. Être glorifié. Son Fils Jésus-Christ en était parvenu lorsqu'Il avait accompli sa mission sur la terre. Et Dieu veut que tout homme atteigne ce niveau en accomplissant son but sur la terre.

Par la gloire, l'homme démontre sa vraie nature, ce qu'il est réellement.

« *[19] Aussi la création attend-elle avec un ardent désir la révélation des fils de Dieu.*
[20] Car la création a été soumise à la vanité, -non de son gré, mais à cause de celui qui l'y a soumise, -
[21] avec l'espérance qu'elle aussi sera affranchie de la servitude de la corruption, pour avoir part à la liberté de la gloire des enfants de Dieu.
[22] Or, nous savons que, jusqu'à ce jour, la création tout entière soupire et souffre les douleurs de l'enfantement. »
Romains 8:19-22

Le monde attend avec un désir ardent de voir la gloire se manifester. Car il est assujetti par le mal. L'unique solution est la manifestation de la gloire qui se trouve dans chacun de nous.

Dans cette gloire, il y a des solutions aux problèmes de l'humanité et des réponses aux questions que beaucoup se posent.

Dieu a conscience du problème qui réside dans le monde, raison pour laquelle Il vous a envoyé sur la terre pour que vous résolviez ce problème. C'est cela l'essence de votre gloire.

Dans la Bible Dieu avait entendu les cris de peuple d'Israël en Egypte, et Il a envoyé Moïse pour le sauver.
« Voici, les cris d'Israël sont venus jusqu'à moi, et j'ai vu l'oppression que leur font souffrir les Égyptiens.
Maintenant, va, je t'enverrai auprès de Pharaon, et tu feras sortir d'Égypte mon peuple, les enfants d'Israël ».
Exode 3 :9-10

Dieu a vu la famine qui menacerait le pays d'Egypte et ses environs, Il envoya Joseph pour remédier à ce problème.

« Maintenant, ne vous affligez pas, et ne soyez pas fâchés de m'avoir vendu pour être conduit ici, car c'est pour vous sauver la vie que Dieu m'a envoyé devant vous.
Voilà deux ans que la famine est dans le pays; et pendant cinq années encore, il n'y aura ni labour, ni moisson.
Dieu m'a envoyé devant vous pour vous faire subsister dans le pays, et pour vous faire vivre par une grande délivrance.

Ce n'est donc pas vous qui m'avez envoyé ici, mais c'est Dieu; il m'a établi père de Pharaon, maître de toute sa maison, et gouverneur de tout le pays d'Égypte ».
Genèse 45 :5-8

Les circonstances que traversait joseph n'étaient que des voies pour le faire parvenir dans sa gloire et mettre en lumière ainsi ce que Dieu avait disposé en lui.

Le peuple juif était menacé d'une extermination, Dieu a envoyé Esther pour leur délivrance.

Le monde attend avec un désir ardent … Votre gloire. En vous, Dieu a déposé quelque chose qui donnera un sens à votre existence. Vous êtes la solution aux problèmes de l'humanité.

Dieu en vous envoyant sur la terre vous demande de suivre le plan qu'Il a conçu pour faire sortir de vous ce qu'Il y a déposé. Etudions maintenant le schéma de ce plan.

2

LES CINQ NIVEAUX DU PLAN ORIGINEL DE DIEU

*I*l est important de savoir qu'il y a une suite logique dans le processus pour vivre le plan originel de Dieu.

⇒ Il est impossible d'être glorifié sans être d'abord justifié.

⇒ Comme, il est impossible d'être justifié, sans être d'abord appelé.

⇒ De même, il est impossible d'être appelé, sans être prédestiné.

⇒ Et enfin, il est impossible d'être prédestine, sans pour autant être connu d'avance.

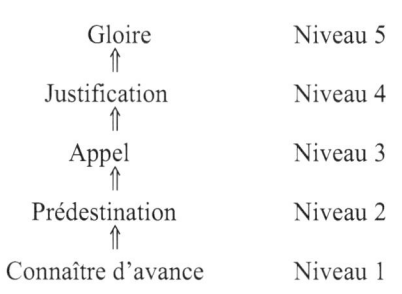

Gloire	Niveau 5
⇑	
Justification	Niveau 4
⇑	
Appel	Niveau 3
⇑	
Prédestination	Niveau 2
⇑	
Connaître d'avance	Niveau 1

Ceci est le schéma du plan originel de Dieu pour l'homme afin qu'il puisse expérimenter sa gloire sur la terre. Par ce plan, l'homme arrivera à démontrer au monde sa vraie nature, sa vraie identité et son essence réelle.

Tout homme sur terre se trouve dans l'un des niveaux de ce schéma divin. Qu'importent la race, la religion, la culture, et la nationalité tout homme est dans l'un de ces niveaux.

A. Le niveau 1

C'est le niveau de la prescience de Dieu. C'est le niveau où Dieu conçoit, choisi, élu, sélectionne l'homme qu'Il enverra sur la terre. Il est important pour nous de savoir que Dieu dans Sa sélection n'a pas fait de choix favori. Comme plusieurs le pensent, en cherchant à se distinguer des autres personnes par leur élection divine.

« Car devant Dieu il n'y a point d'acception de personnes (ou Dieu ne fait point de favoritisme). »
Romains 2:11

Dieu n'ignore personne, Jésus-Christ est venu pour sauver ceux-là que Dieu avait connus d'avance.

Et ces gens ne sont ni une nation, ni une catégorie des personnes, ni une race, mais ce sont les nations du monde entier, toutes les races du monde entier et tout le peuple du monde. Son Fils est venu pour sauver le monde.

« Car Dieu a tant aimé le monde qu'il a donné son Fils unique, afin que quiconque croit en lui ne périsse point, mais qu'il ait la vie éternelle. »
Jean 3:16

B. Le Niveau 2

C'est le niveau où Dieu commence à réserver des places pour tout homme; il est entrain d'écrire des choses que l'homme aura à vivre.

« Il y a plusieurs demeures dans la maison de mon Père. Si cela n'était pas, je vous l'aurais dit. Je vais vous préparer une place. »
Jean 14:2

Le mot maison ici employé signifie aussi royaume ou gouvernement. Jésus voulait dire que dans le gouvernement de Son père (le système d'autorité de Son Père), il y a la place pour tout homme.

> « *Alors le roi dira à ceux qui seront à sa droite: Venez, vous qui êtes bénis de mon Père; prenez possession du royaume qui vous a été préparé dès la fondation du monde.* »
> *Matthieu 25:34*

C. Le Niveau 3

A ce niveau, l'homme entre en jeu, car les deux premiers niveaux dépendent totalement de Dieu. Ce sont des niveaux où Dieu exerce Sa souveraineté. Mais, arrivé au troisième niveau, Dieu tend Sa main à l'homme, et la décision finale revient à l'homme.

> « *Voici, je me tiens à la porte, et je frappe. Si quelqu'un entend ma voix et ouvre la porte, j'entrerai chez lui, je souperai avec lui, et lui avec moi.* »
> *Apocalypse 3 :20*

C'est le niveau où Dieu frappe à la porte du cœur de l'homme, et c'est à l'homme de lui ouvrir son cœur.

D. Le Niveau 4

A ce niveau, l'homme est approuvé par Dieu, il est revenu dans ses droits, et il est trouvé digne.

Pour bénéficier de chaque chose dans ce monde cela exige que l'on soit trouvé digne. Sans cela il est impossible de toucher, ni de jouir aux choses pour lesquelles l'on aspire. Même Jésus-Christ, Fils de Dieu, pour ouvrir le livre et rompre les sceaux Il devait être digne. Sans cela Il n'aurait pas le pouvoir de le faire (Apocalypse 5 :1-8).

> « *C'est pourquoi aussi nous prions continuellement pour vous, afin que notre Dieu vous juge dignes de la vocation, et qu'il accomplisse par sa puissance tous les desseins bienveillants de sa bonté, et l'œuvre de votre foi,* »
> **2 Thessaloniciens 1 :11**

E. Le Niveau 5

A ce niveau, l'homme manifeste ce qu'il est réellement, et fait bénéficier au monde les choses que Dieu a déposées en lui par l'accomplissement de sa mission.

> « [13] *Vous êtes le sel de la terre. Mais si le sel perd sa saveur, avec quoi la lui rendra-t-on ? Il ne sert plus qu'à être jeté dehors, et foulé aux pieds par les hommes.*
> [14] *Vous êtes la lumière du monde. Une ville située sur une montagne ne peut être cachée ;*
> [15] *et on n'allume pas une lampe pour la mettre sous le boisseau, mais on la met sur le chandelier, et elle éclaire tous ceux qui sont dans la maison.*
> [16] *Que votre lumière luise ainsi devant les hommes, afin qu'ils voient vos bonnes œuvres, et qu'ils glorifient votre Père qui est dans les cieux.* »
> **Matthieu 5 :13-16**

Ce sont là les cinq niveaux du schéma du plan original de Dieu pour tout homme vivant sur la terre.

Maintenant, la question que nous pouvons nous poser est la suivante : si la volonté de Dieu est que l'homme manifeste sa gloire, alors pourquoi dans la plupart de cas beaucoup n'y arrivent pas ?

La réponse à cette question en est simple : l'accomplissement intégral de chacune des étapes du schéma du plan de Dieu.

En effet, entre deux niveaux de ce schéma, il existe une étape, un temps, une période qui correspond à une exigence de la part de Dieu et de l'homme afin de passer au niveau suivant.

Ceci est crucial, car il détermine le comment ou l'exigence du passage d'un niveau à un niveau supérieur et, d'atteindre ainsi le niveau ultime qui est la gloire.

3

COMPRENDRE LA NOTION DU TEMPS

*I*l existe dans ce monde des ressources importantes que l'homme est sensé bien maîtriser. La mauvaise gestion de ces des ressources peut être fatale à l'homme pour sa performance et son succès sur la terre.

Parmi ces ressources figure le temps. Le temps est un facteur important dans la vie de tout être humain. Dieu, dans Sa prescience a prévu que Son plan originel pour l'homme doit s'exécuter dans un intervalle de temps bien précis ici sur la terre. Voilà pourquoi la compréhension de cette ressource est d'une importance capitale car cela permet à l'homme d'en tirer profit.

1. Le But du Temps

Afin de maximaliser la bonne utilisation d'une chose, il est nécessaire de se poser certaines questions concernant la chose. Il existe deux questions importantes que tout homme doit toujours se poser devant chaque chose ou situation. Il s'agit du ***pourquoi*** et du ***comment*** de chaque chose et chaque situation.

La question du pourquoi pousse l'homme à connaître le but de la chose ou de la situation, et la question du comment renvoi l'homme à la sagesse de principes enfouis dans la chose ou la situation.

Essayons de nous poser la question sur le but du temps :
Pourquoi le temps ?

La Parole de Dieu nous aide à trouver la réponse à cette question dans le texte de ***Genèse 1 :14-19***

> *[14]Dieu dit: Qu'il y ait des luminaires dans l'étendue du ciel, pour séparer le jour d'avec la nuit; que ce soient des signes pour marquer les époques, les jours et les années;*
> *[15] et qu'ils servent de luminaires dans l'étendue du ciel, pour éclairer la terre. Et cela fut ainsi. [16] Dieu fit les deux grands luminaires, le plus grand luminaire pour présider au jour, et le plus petit luminaire pour présider à la nuit; il fit aussi les étoiles.*
> *[17] Dieu les plaça dans l'étendue du ciel, pour éclairer la terre,*

¹⁸ Pour présider au jour et à la nuit, et pour séparer la lumière d'avec les ténèbres. Dieu vit que cela était bon. ¹⁹ Ainsi, il y eut un soir, et il y eut un matin: ce fut le quatrième jour.

Ce texte de Genèse nous montre quand, pourquoi et comment Dieu avait créé le temps. Dieu a créé le temps au quatrième jour de son travail. Il est important de souligner que le terme jour employé dans ce texte du livre de la Genèse ne correspond pas au terme jour comme nous le savons aujourd'hui. Ici le jour correspond à la période pendant laquelle Dieu travaillait. Cela ne correspond pas à notre notion du temps - durée journalière de 24 heures.

Dieu a créé le temps lorsqu'Il a établi les luminaires qui devraient présider respectivement le jour et la nuit. Et Il l'a montré la raison pour laquelle Il le créa. Il dit : « *que ce soient des signes pour marquer les jours, les années, et les époques…* » Le rôle du temps est de faire la différence des périodes cela veut aussi dire d'introduire la notion du changement sur la terre.

Le temps est l'élément qui a introduit la notion du changement sur la terre. Dieu ne change pas, parce qu'Il vit dans un domaine où le temps n'existe pas.

¹⁷ toute grâce excellente et tout don parfait descendent d'en haut, du Père des lumières, chez lequel il n'y a ni changement ni ombre de variation.
Jacques 1 :17

¹² Tu les rouleras comme un manteau et ils seront changés; Mais toi, tu restes le même, Et tes années ne finiront point.

Hébreux 1 :12

⁹⁰ ⁺² Avant que les montagnes fussent nées, Et que tu eusses créé la terre et le monde, D'éternité en éternité tu es Dieu.
⁹⁰ ⁺⁴ Car mille ans sont, à tes yeux, Comme le jour d'hier, quand il n'est plus, Et comme une veille de la nuit.
¹⁰² ⁺²⁷ Mais toi, tu restes le même, Et tes années ne finiront point.
Psaumes 90 :2,4 ; 102 :27

⁴ Qui a fait et exécuté ces choses ? C'est celui qui a appelé les générations dès le commencement, Moi, l'Éternel, le premier Et le même jusqu'aux derniers âges.
Esaïe 41 :4

⁶ Car je suis l'Éternel, je ne change pas ; Et vous, enfants de Jacob, vous n'avez pas été consumés.
Malachie 3 :6

⁸ Mais il est une chose, bien-aimés, que vous ne devez pas ignorer, c'est que, devant le Seigneur, un jour est comme mille ans, et mille ans sont comme un jour.
2 Pierre 3 :8

Ces textes nous montrent l'invariabilité de Dieu, parce qu'Il n'est pas sous les contraintes du temps. Tandis que la création du temps a rendu l'homme un être destiné au changement.
Voilà pourquoi il y a un temps pour tout sous le soleil (sur la terre).

Il nous est donc nécessaire de comprendre ceci :

➢ Le temps est un produit de la création.

- Le temps a été créé par Dieu
- Le temps a été créé par Dieu et placé sur la terre.
- Le temps a été créé par Dieu pour l'homme.
- Le temps est un facteur important sur la terre.
- Dieu est éternel c'est-à-dire Il vit dans l'éternité, un domaine où le temps n'existe pas.
- Dieu ne vit pas sous les contraintes du temps.

A cause du temps l'homme naît et meurt, il y a un moment où il est malade et un moment où il est en bonne santé, un moment où il dit oui et un moment où il dit non, …

¹Il y a un temps pour tout, un temps pour toute chose sous les cieux :
² un temps pour naître, et un temps pour mourir ; un temps pour planter, et un temps pour arracher ce qui a été planté ;
³ un temps pour tuer, et un temps pour guérir ; un temps pour abattre, et un temps pour bâtir ;
⁴ un temps pour pleurer, et un temps pour rire ; un temps pour se lamenter, et un temps pour danser ;
⁵ un temps pour lancer des pierres, et un temps pour ramasser des pierres ; un temps pour embrasser, et un temps pour s'éloigner des embrassements ;
⁶ un temps pour chercher, et un temps pour perdre ; un temps pour garder, et un temps pour jeter ;
⁷ un temps pour déchirer, et un temps pour coudre ; un temps pour se taire, et un temps pour parler ;
⁸ un temps pour aimer, et un temps pour haïr ; un temps pour la guerre, et un temps pour la paix.
Ecclésiaste 1 :1-8

2. L'influence du temps sur l'homme

Le temps est un facteur régissant les choses sur la terre. Tout ce qui se produit sur la terre dépend du temps imparti. Par conséquent le temps est devenu une ressource capitale pour l'homme et non pour Dieu. L'homme a été placé sur la terre c'est-à-dire dans le temps. Il fait toutes choses par rapport au temps qui lui a été imparti. L'homme sur la terre n'est pas éternel. C'est pourquoi la Parole de Dieu nous dit ceci :

$^{39:5}$ Voici, tu as donné à mes jours la largeur de la main, Et ma vie est comme un rien devant toi. Oui, tout homme debout n'est qu'un souffle.
$^{89:47}$ Rappelle-toi ce qu'est la durée de ma vie, Et pour quel néant tu as créé tous les fils de l'homme.
$^{90:9}$ Tous nos jours disparaissent par ton courroux ; Nous voyons nos années s'évanouir comme un son.
^{10} Les jours de nos années s'élèvent à soixante-dix ans, Et, pour les plus robustes, à quatre-vingts ans ; Et l'orgueil qu'ils en tirent n'est que peine et misère, Car il passe vite, et nous nous envolons.
Psaumes 39 :5 ; 89 :47 ; 90 :9-10

^{9} Jacob répondit à Pharaon : Les jours des années de mon pèlerinage sont de cent trente ans. Les jours des années de ma vie ont été peu nombreux et mauvais, et ils n'ont point atteint les jours des années de la vie de mes pères durant leur pèlerinage.
Genèse 49 :7

7:6 Mes jours sont plus rapides que la navette du tisserand, Ils s'évanouissent : plus d'espérance !
9:25 Mes jours sont plus rapides qu'un courrier ; Ils fuient sans avoir vu le bonheur ;
26 Ils passent comme les navires de jonc, Comme l'aigle qui fond sur sa proie.
14:1 L'homme né de la femme ! Sa vie est courte, sans cesse agitée.
2 Il naît, il est coupé comme une fleur ; Il fuit et disparaît comme une ombre.
Job 7 :6 ; 9 :25-26 ; 14 :1-2

14 Vous qui ne savez pas ce qui arrivera demain ! Car, qu'est-ce votre vie ? Vous êtes une vapeur qui paraît pour un peu de temps, et qui ensuite disparaît.
Jacques 4 :14

L'homme est soumis aux contraintes du temps. Et, pour bien vivre par rapport au temps qui lui est imparti, il a besoin de savoir bien l'utiliser c'est-à-dire avoir une bonne gestion de son temps. La sagesse dans la gestion de son temps est exigée pour tout homme qui veut vivre le plan original de Dieu et maximiser son existence sur cette terre.

12 Enseigne-nous à bien compter nos jours, Afin que nous appliquions notre cœur à la sagesse.
Psaumes 90 :12

5 Conduisez-vous avec sagesse envers ceux du dehors, et rachetez le temps.
Colossiens 4 :5

¹⁵ Prenez donc garde de vous conduire avec circonspection, non comme des insensés, mais comme des sages ;
¹⁶ rachetez le temps, car les jours sont mauvais.
¹⁷ C'est pourquoi ne soyez pas inconsidérés, mais comprenez quelle est la volonté du Seigneur.
Ephésiens 5 :15-17

Savoir bien gérer son temps, la Parole de Dieu l'appelle la sagesse. Et, la sagesse est la chose principale pour la vie. Car ce qui fait la différence entre l'échec et la réussite c'est tout simplement la sagesse.

3. L'implication de Dieu dans le temps

Nous l'avons dit ci-dessus : « Dieu a créé le temps mais, Lui, ne vit pas dans le temps ». Le temps est un domaine de l'homme et non celui de Dieu. Dieu son domaine est l'éternité, là où il n'y a pas le temps.

La terre est le don de Dieu pour l'homme. La terre a été créée par Dieu pour l'homme. La Bible nous le dit dans ***Psaumes 115 :15-16***

¹⁵ Soyez bénis par l'Éternel, Qui a fait les cieux et la terre!
¹⁶ Les cieux sont les cieux de l'Éternel, Mais il a donné la terre aux fils de l'homme.

Dans ***Genèse 1 :26***, la Parole de Dieu nous dit que l'homme a été créé pour dominer sur la terre. Ceci donne à l'homme le plein pouvoir d'opérer sur la terre.
L'homme est le responsable numéro un de tout ce qui se produit sur la terre. Malheureusement, l'homme a mal utilisé le pouvoir que Dieu lui a donné sur terre.

C'est ce qui établit, le besoin de l'intervention divine sur la terre. Mais, comment Dieu, Lui qui est l'Immuable, l'Eternel, celui qui ne peut vivre dans le temps entrera-t-il dans le temps ?

Dieu a trouvé un moyen pour Lui de pénétrer dans le domaine de l'homme qui est la terre. Un domaine sous les contraintes du temps dont l'architecture est Sa Parole (Ces Lois). La Parole de Dieu est la justification de la présence de Dieu sur la terre, car au commencement était la Parole, et la Parole était avec Dieu, et la Parole était Dieu (*Jean 1 :1*). Par Sa Parole, Dieu légalise Sa présence sur la terre. Par Sa Parole, Dieu a créé un canal par lequel Il passe pour intervenir sur la terre. C'est pourquoi, l'homme qui comprend la Parole de Dieu peut faire descendre Dieu sur la terre. Dieu ne peut pas intervenir sur la terre au-delà de Sa Parole car, Il violera un principe que Lui-même avait établi : un domaine de l'homme (*Psaumes 89 :34*).

Dieu est un Dieu souverain, mais, sur la terre Il n'exerce pas Sa souveraineté n'importe comment. La souveraineté de Dieu sur la terre se limite dans Sa Parole.

² Je me prosternerai vers le temple de ta sainteté, et je célébrerai ton nom à cause de ta bonté et à cause de ta vérité; car tu as exalté ta parole au-dessus de tout ton nom.
Psaumes 138 :2
(Version Darby)

³⁵ Le ciel et la terre passeront, mais mes paroles ne passeront point.
Matthieu 24 :35

18 Car, je vous le dis en vérité, tant que le ciel et la terre ne passeront point, il ne disparaîtra pas de la loi un seul iota ou un seul trait de lettre, jusqu'à ce que tout soit arrivé.
Matthieu 5 :18

Voilà pourquoi lorsqu'un homme prie pour que Dieu intervienne, La Parole de Dieu dit qu'il doit le faire selon la volonté de Dieu, c'est-à-dire conformément à la Parole de Dieu.

⁷ Si vous demeurez en moi, et que mes paroles demeurent en vous, demandez ce que vous voudrez, et cela vous sera accordé.
Jean 15 :7

³ Vous demandez, et vous ne recevez pas, parce que vous demandez mal, dans le but de satisfaire vos passions.
Jacques 4 :3

²² Quoi que ce soit que nous demandions, nous le recevons de lui, parce que nous gardons ses commandements et que nous faisons ce qui lui est agréable.
5:14 Nous avons auprès de lui cette assurance, que si nous demandons quelque chose selon sa volonté, il nous écoute.
¹⁵ Et si nous savons qu'il nous écoute, quelque chose que nous demandions, nous savons que nous possédons la chose que nous lui avons demandée.
1 Jean 3 :22 ; 5 :14-15

La compréhension de la notion du temps est importante pour chaque homme sur la terre. Cela permet à l'homme de tirer profit de sa vie sur la terre.

4. Le Temps de Dieu

Plusieurs fois nous entendons les gens employer cette expression le temps de Dieu. Cette expression est souvent employée lorsque quelqu'un est entrain de réussir dans ce qu'il fait ou voit les choses lui être favorables ; alors on dit que c'est le temps de Dieu pour lui. Tandis que du côté de ceux-là chez qui les choses traînent encore on dit qu'il faut attendre le temps de Dieu.

Par ces quelques lignes, nous voulons un peu expliquer cette expression temps de Dieu.

Premièrement, nous ne devons pas oublier que le temps n'est pas pour Dieu, mais pour l'homme. Donc le temps ne peut être de Dieu. Cette expression n'a rien de Dieu en elle. En principe, on devrait dire le temps de l'homme. Car le temps ne concerne Dieu en rien, c'est plutôt l'homme qui est concerné.

Deuxièmement, rappelons-nous que lorsque Dieu créait le temps, Il avait dit que cela sera un signe pour marquer les jours, les années, et les époques (***Genèse 1 :14***). Cela veut dire que le temps était un moyen pour déterminer les caractéristiques d'une époque. A chaque temps correspond une époque. Et, chaque époque est caractérisée par ses exigences. Notre monde a connu plusieurs époques (c'est-à-dire des époques précises et caractérisées par quelque chose ou un événement) à savoir : l'âge de l'écriture, l'âge de l'imprimerie, l'époque de la renaissance, l'âge de l'industrialisation, l'âge de l'information, etc.

C'est la personne qui a la maîtrise sur les exigences de l'époque qui aura le contrôle du temps, et saura bien profiter du temps. Et vivra ainsi son temps. Ce sont les exigences de l'époque qui définissent le temps.

Ceci est ce que la Parole de Dieu appelle l'intelligence ou la connaissance des temps.

> *³² **Des fils d'Issacar, ayant l'intelligence des temps pour savoir ce que devait faire Israël, deux cents chefs, et tous leurs frères sous leurs ordres.***
> ***1 Chroniques 12 :32***

> *¹³ **Alors le roi s'adressa aux sages qui avaient la connaissance des temps. Car ainsi se traitaient les affaires du roi, devant tous ceux qui connaissaient les lois et le droit.***
> ***Esther 1 :13***

> *³ **Il y aura de l'orage aujourd'hui, car le ciel est d'un rouge sombre. Vous savez discerner l'aspect du ciel, et vous ne pouvez discerner les signes des temps.***
> ***Matthieu 16 :3***

La force d'un homme repose dans son intelligence ou sa connaissance des temps. Cela veut dire connaître ce qui est exigé pour ce temps. Illustrons cela par la croissance physique d'un enfant.

Un enfant lorsqu'il grandit, les dents ne sortent pas automatiquement, il ne parle pas directement, ni ne marche par accident. Toutes ces choses ont un temps pour se manifester. C'est-à-dire, l'enfant en lui doit développer certaines capacités et aptitudes pouvant lui permettre de manifester ces choses. Tant que son organisme ne développera pas ces capacités et ces aptitudes, **son temps** pour manifester ces choses n'arrivera pas !

Il est important de savoir que cela ne dépend pas de Dieu, mais de l'enfant. C'est pourquoi nous voyons des enfants chez qui les dents sortent avant les autres, les enfants qui parlent ou marchent avant les autres. Tout cela dépend du temps ; des capacités et aptitudes que l'enfant développe en lui. Si cela est rapide, l'enfant manifestera ces choses rapidement et inversement dans tous les domaines de la croissance.

La Parole de Dieu illustre aussi ce fait sur le temps dans le livre de *Deutéronome 8 :2-3*

² Souviens-toi de tout le chemin que l'Éternel, ton Dieu, t'a fait faire pendant ces quarante années dans le désert, afin de t'humilier et de t'éprouver, pour savoir quelles étaient les dispositions de ton cœur et si tu garderais ou non ses commandements.
³ Il t'a humilié, il t'a fait souffrir de la faim, et il t'a nourri de la manne, que tu ne connaissais pas et que n'avaient pas connue tes pères, afin de t'apprendre que l'homme ne vit pas de pain seulement, mais que l'homme vit de tout ce qui sort de la bouche de l'Éternel.

Le chemin de quarante années que le peuple d'Israël a fait dans le désert n'était pas pour rien. La Bible dit que cela dépendait de quelque chose. Et c'est la non-compréhension de cette chose qui faisait que le chemin devienne de plus en plus long. Le temps pour que le peuple d'Israël prenne possession de leur promesse dépendait de :

- Ils devraient révéler à Dieu les dispositions de leur cœur.
- Ils devraient garder les commandements de Dieu.

- Ils devraient comprendre que l'homme ne vit pas seulement de pain, mais aussi de tout ce qui sort de la bouche de l'Eternel.

Le temps qu'on qualifie souvent de Dieu ne rien d'autre que l'assemblage par l'homme de tout ce qui est exigé pour que les choses se manifestent. Cela n'a rien à voir avec Dieu. Dieu, Il est l'Eternel, Il ne vit pas dans le temps. Il n'est pas sous les contraintes du temps. C'est l'homme qui se trouve sous l'influence du temps. Le temps n'est pas de Dieu mais de l'homme. Plus l'homme traîne à comprendre et à rassembler toutes les exigences du temps, plus son temps tardera à arriver.

Il en est de même avec le plan originel de Dieu pour votre vie. Plus vous traînez, vous ne faites que retarder votre temps et vous empêcher votre gloire à se manifester. Alors dès aujourd'hui commence à travailler pour que votre temps arrive. Cela ne dépend pas de Dieu, mais de vous.

4

L'ACCOMPLISSEMENT DU PLAN ORIGINEL DE DIEU

*L*a compréhension du chapitre précédent est importante pour l'accomplissement du plan originel de Dieu pour vous. Car la part qui reste est la votre.

Il existe une suite logique dans chaque niveau du plan originel de Dieu, cette compréhension est importante :

➢ Ce qui place l'homme à la prédestination, c'est le fait d'être connu d'avance.
➢ Ce qui place l'homme à l'appel, c'est le fait d'être prédestiné.
➢ Ce qui place l'homme à la justification, c'est le fait d'être appelé.
➢ Ce qui place l'homme à la gloire, c'est le fait d'être justifié.

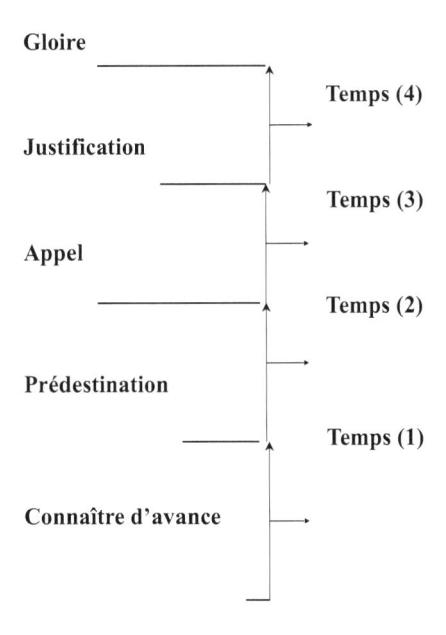

Gloire

Temps (4)

Justification

Temps (3)

Appel

Temps (2)

Prédestination

Temps (1)

Connaître d'avance

En remplissant le temps (1), cela conduit à la prédestination. En remplissant le temps (2), cela conduit à l'appel.

En remplissant le temps (3), cela conduit à la justification.

Et enfin, en remplissant le temps (4), cela conduit à la gloire.

Les deux premiers niveaux étant dans la prescience et la souveraineté de Dieu, ainsi les deux premiers temps dépendent totalement de Dieu. Et Dieu dans Son amour les avait fidèlement remplis pour tout homme depuis la fondation du monde. Il ne reste que les temps (3) et (4).

A. Le Temps (3)

Cette période dépend totalement de l'homme. La Parole de Dieu nous présente ce moment dans une parabole que le Seigneur Jésus-Christ avait dite :

> « *² Le royaume des cieux est semblable à un roi qui fit des noces pour son fils.*
> *³ Il envoya ses serviteurs appeler ceux qui étaient invités aux noces; mais ils ne voulurent pas venir.*
> *⁴ Il envoya encore d'autres serviteurs, en disant: Dites aux conviés: Voici, j'ai préparé mon festin; mes bœufs et mes bêtes grasses sont tués, tout est prêt, venez aux noces.*
> *⁵ Mais, sans s'inquiéter de l'invitation, ils s'en allèrent, celui-ci à son champ, celui-là à son trafic;*
> *⁶ et les autres se saisirent des serviteurs, les outragèrent et les tuèrent.*
> *⁷ Le roi fut irrité; il envoya ses troupes, fit périr ces meurtriers, et brûla leur ville.*

⁸ Alors il dit à ses serviteurs: Les noces sont prêtes; mais les conviés n'en étaient pas dignes. ⁹ Allez donc dans les carrefours, et appelez aux noces tous ceux que vous trouverez. »
Matthieu 22 :2-9

L'exigence de ce temps est de répondre positivement à l'appel de Dieu. Ceci est très important, car beaucoup n'arrivent pas à atteindre le niveau de la justification à cause du refus à l'appel de Dieu. A l'instar de ceux-là qui sont encore en dehors de la famille de Dieu.

Cher ami, si vous n'avez pas encore reçu le Seigneur Jésus-Christ dans votre vie, voici le moment. Dieu vous appel ; ne Lui résistez pas. C'est par amour qu'Il vous appel. C'est parce qu'Il vous a tant aimé qu'Il a donné Son Fils Jésus-Christ pour qu'Il meurt à la croix pour vous.

Jésus est mort pour vous, pour vous placer au niveau de la justification, un avant dernier niveau pour que vous atteigniez le dernier niveau qui est celui de ta gloire.
Une gloire qui vous donnera de la considération et de la valeur au monde. Vous aurez une vie pleine de joie et de bonheur. Une gloire qui donnera à votre vie une signification. Une gloire à laquelle vos contemporains se réjouiront de vous et glorifieront Dieu pour votre existence. Une gloire qui fera que votre vie apporte quelque chose de valeur, de significatif au monde. Une gloire qui mettra votre nom dans les annales de l'histoire de l'humanité et assurera votre éternité.

« ¹⁷ Ainsi parle l'Éternel, ton rédempteur, le Saint d'Israël: Moi, l'Éternel, ton Dieu, je t'instruis pour ton bien, Je te conduis dans la voie que tu dois suivre.

¹⁸ Oh! Si tu étais attentif à mes commandements! Ton bien-être serait comme un fleuve, Et ton bonheur comme les flots de la mer;
¹⁹ Ta postérité serait comme le sable, Et les fruits de tes entrailles comme les grains de sable; Ton nom ne serait point effacé, anéanti devant moi. »
Esaïe 48 :17-19

La Parole de Dieu ajoute dans les épîtres de Paul aux **Romains 10 :9**

« *Si tu confesses de ta bouche le Seigneur Jésus, et si tu crois dans ton cœur que Dieu l'a ressuscité des morts, tu seras sauvé.* »

C'est avec amour que je vous demande, de faire ensemble avec moi cette confession :

« Eternel, Notre Père qui es aux cieux, aujourd'hui je viens à Toi, car je me rend compte de mon état. Pardonnes-moi de toutes mes fautes et laves-moi par le sang de Ton Fils Jésus-Christ. Je crois et le déclare que Jésus est mort et ressuscité pour moi, afin que je sois justifié. Je l'accepte dans ma vie, comme mon Seigneur et Sauveur. Merci Père, car aujourd'hui je suis devenu Ton enfant, merci de m'avoir accepté dans Ton Royaume. Je le déclare ainsi au Nom de Jésus-Christ, Amen ! »

B. Le Temps (4)

Celle-ci est la dernière période pour atteindre le dernier niveau qui est celui de la gloire. Malheureusement c'est une étape où beaucoup de chrétiens n'arrivent pas à franchir à cause du manque de compréhension de ce qu'il faut faire durant cette période.

Comprenons bien que les deux premières périodes étaient celles de Dieu. Mais, les deux dernières sont celles de l'homme. Dieu quant à Lui, a déjà rempli les exigences de deux premières périodes. Il ne reste qu'à l'homme de remplir sa part de responsabilité, c'est-à-dire les deux derniers temps.

Force est de constater que plusieurs chrétiens stagnent à cette étape. Ma prière est qu'au travers de la connaissance que vous recevez dans ce livre, que cela vous permette à franchir cette étape, et vous la franchirez au nom de Jésus-Christ !

La période du passage de la justification à la gloire exige de l'approbation divine, cela exige le sceau de Dieu. Or, la Parole de Dieu nous dit que la justification s'octroi au moyen de la foi.

> « *[22] Justice de Dieu par la foi en Jésus Christ pour tous ceux qui croient. Il n'y a point de distinction.*
> *[28] Car nous pensons que l'homme est justifié par la foi, sans les œuvres de la loi.*
> *[30] Puisqu'il y a un seul Dieu, qui justifiera par la foi les circoncis, et par la foi les incirconcis.*
> *[10:6] Mais voici comment parle la justice qui vient de la foi... »*
> *Romains 3 : 22, 28, 30 - 10 : 6*

La justice vient par la foi ; donc le temps (4) est la période de la foi. Car c'est la foi qui fera que nous soyons justifiés. Sans la

foi il est impossible d'être justifié, et d'atteindre la gloire. C'est grâce à la foi que nous expérimentons notre vraie nature. *« Or sans la foi il est impossible de lui être agréable; car il faut que celui qui s'approche de Dieu croie que Dieu existe, et qu'il est le rémunérateur de ceux qui le cherchent. »*
Hébreux 11 :6

Sans la foi, il est impossible d'être approuvé par Dieu. La foi est cruciale dans la vie du chrétien. Au fait, la vie chrétienne est une vie de foi. Tout ce que nous faisons, nous devons le faire par la foi ; tout ce que nous obtenons, nous l'obtenons par la foi ; tout ce que nous disons, nous devons le dire par la foi ; tout ce que nous voyons, nous devons le voir au travers des yeux de la foi.

L'homme a été créé à la ressemblance de Dieu, c'est-à-dire il doit fonctionner de la manière à laquelle Dieu fonctionne. Dieu fonctionne par la foi, par conséquent, l'homme aussi doit fonctionner par la foi. La foi est tout ce qu'il faut pour l'homme. En tant qu'enfant de Dieu, nous devons ressembler à notre Père, nous devons fonctionner comme Lui.

Tout dans la vie chrétienne se trouve à la merci de la foi. La réponse à nos prières dépend de notre foi. Tout est fonction de la foi.

« … le juste vivra par sa foi. » Habakuk 2 :4

5

LE PRINCIPE DE LA FOI

*L*a foi est pour le chrétien ce qu'est l'oxygène pour l'homme. Sans l'oxygène, il est impossible à l'homme de vivre. De même sans la foi, il est impossible au chrétien de vivre. Car ce qui fait vivre le chrétien, c'est sa foi.

Dans cette partie de notre livre, nous voulons apporter une lumière sur la compréhension de ce terme « la foi ». Car nous avons constaté que malgré l'indispensabilité de la foi dans la vie chrétienne, beaucoup de chrétiens manifestent une forte méconnaissance de celle-ci. Le sujet de la foi reste malheureusement un sujet que peu de chrétiens maîtrisent.

Plusieurs chrétiens ne savent pas ce qu'est réellement la foi, voilà pourquoi l'étape de la justification est devenue une étape difficile à franchir. Car il est difficile voir même impossible d'acquérir quelque chose que l'on ignore le sens. Dans le Royaume de Dieu, il est impossible de bénéficier ou d'obtenir quelque chose sans la compréhension de la chose dont il est question.

De ce qui précède, nous voyons qu'il est important pour nous de comprendre la foi, de savoir ce qu'elle est et comment elle fonctionne.

Dans plusieurs cas, j'ai vu des gens réduire la foi aux phrases telles que : je crois …, j'ai la foi …, etc.
Ce n'est pas par une simple déclaration qu'on parvient à la foi. Non ! Par exemple : ce n'est pas en disant que Dieu est puissant qui vous garantit la foi de jouir à la puissance de Dieu, non ! Si tel était le cas le diable aurait lui aussi la foi et par conséquent il serait justifié.
La foi n'est pas une simple déclaration, ou le simple fait d'accepter la puissance de Dieu.

Si la foi n'est pas toutes ces choses, alors c'est quoi la foi ?

Lorsqu'une telle question est posée, le premier texte biblique qui vient dans la tête de gens c'est celui d'*Hébreux 11 :1* qui nous dit ceci :

« *Or la foi est une ferme assurance des choses qu'on espère, une démonstration de celles qu'on ne voit pas.* »

C'est par ce texte que plusieurs définissent la foi. Il est vrai que ce passage de la Bible nous montre la foi, mais à mon humble point de vue, ce texte ne met pas en exergue l'élément « foi », par contre, il présente les comportements visibles d'une personne qui a la foi. Il nous montre aussi les caractéristiques, ou les propriétés de la foi.

Ce passage nous dit que lorsqu'une personne a la foi ; celle-ci aura une assurance ferme des choses qu'elle espère. C'est-à-dire qu'au travers de la garantie que lui donne la foi, cette personne aura une certitude d'obtenir ce qu'elle veut. La foi est une démonstration des choses invisibles. Quelqu'un qui a la foi est capable de vous démontrer qu'elle a déjà ce dont elle a besoin, malgré qu'elle ne les possède pas encore réellement. Ce passage nous montre que la foi est abstraite, mais démontrable.

Essayons de voir à la lumière de la Parole de Dieu comment le Seigneur Jésus-Christ définissait la foi.

« *[14] Lorsqu'ils furent arrivés près de la foule, un homme vint se jeter à genoux devant Jésus, et dit:*
[15] Seigneur, aie pitié de mon fils, qui est lunatique, et qui souffre cruellement; il tombe souvent dans le feu, et souvent dans l'eau.
[16] Je l'ai amené à tes disciples, et ils n'ont pas pu le guérir.
[17] Race incrédule et perverse, répondit Jésus, jusqu'à quand serai-je avec vous? Jusqu'à quand vous supporterai-je? Amenez-le-moi ici.
[18] Jésus parla sévèrement au démon, qui sortit de lui, et l'enfant fut guéri à l'heure même.

¹⁹ Alors les disciples s'approchèrent de Jésus, et lui dirent en particulier: Pourquoi n'avons-nous pu chasser ce démon?
²⁰ C'est à cause de votre incrédulité, leur dit Jésus. Je vous le dis en vérité, si vous aviez de la foi comme un grain de sénevé, vous diriez à cette montagne: Transporte-toi d'ici là, et elle se transporterait; rien ne vous serait impossible.
²¹ Mais cette sorte de démon ne sort que par la prière et par le jeûne. »
Matthieu 17 :14-21

De part cette histoire, nous voyons comment les disciples n'ont pas pu chasser le démon du corps d'un malade. Et le Seigneur les a qualifiés de « *race incrédules* ». À cause de leur incrédulité, ils avaient échoué dans leur démarche. Ils sont allés demander à Jésus le pourquoi de leur incapacité à chasser ce démon. Jésus leur a dit : « *C'est à cause de votre incrédulité, ... si vous aviez de la foi comme un grain de sénevé, ...»* Donc, leur problème était un problème de foi. Le manque de foi leur avait rendu incrédule.

Quelle était alors la cause de leur incrédulité ou de leur manque de foi ? La réponse se trouve au verset 21 du même texte : « *Mais cette sorte de démon ne sort que par la prière et par le jeûne. »* Donc, les disciples étaient des ignorants et, cette ignorance les avait rendus incrédules et les avait privés de la foi. Le manque de foi des disciples de Jésus était justifié par le fait qu'ils ne connaissaient pas comment faire pour chasser ce démon.

Voyons un autre exemple du Seigneur :

> « *²² Un jour, Jésus monta dans une barque avec ses disciples. Il leur dit: Passons de l'autre côté du lac. Et ils partirent. ²³ Pendant qu'ils naviguaient, Jésus s'endormit. Un tourbillon fondit sur le lac, la barque se remplissait d'eau, et ils étaient en péril. ²⁴ Ils s'approchèrent et le réveillèrent, en disant: Maître, maître, nous périssons! S'étant réveillé, il menaça le vent et les flots, qui s'apaisèrent, et le calme revint. ²⁵ Puis il leur dit: Où est votre foi? Saisis de frayeur et d'étonnement, ils se dirent les uns aux autres: Quel est donc celui-ci, qui commande même au vent et à l'eau, et à qui ils obéissent?* »
> *Luc 8 :22-25*

Ce texte nous relate le récit du Seigneur Jésus avec ses disciples dans une barque. On nous dit qu'il fut un moment il y eut une forte tempête au point que la barque dans laquelle ils se trouvaient tous se remplissait d'eau. Les disciples ont réveillé Jésus parce qu'ils ne savaient pas qu'est-ce qu'ils pouvaient faire dans un cas pareil. Jésus s'étant réveillé, menaça le vent et les flots, qui s'apaisèrent. Après, Il leur posa une question : « *Où est votre foi ?* »

Donc, leur problème était un problème de foi. Ils ne savaient pas ce qu'ils devaient faire, et Jésus leur a dit qu'ils manquaient de foi.

Voyons un troisième exemple sur comment Jésus disait de la foi :

> « *⁵ Comme Jésus entrait dans Capernaüm, un centenier l'aborda,*

⁶ le priant et disant: Seigneur, mon serviteur est couché à la maison, atteint de paralysie et souffrant beaucoup.
⁷ Jésus lui dit: J'irai, et je le guérirai.
⁸ Le centenier répondit: Seigneur, je ne suis pas digne que tu entres sous mon toit; mais dis seulement un mot, et mon serviteur sera guéri.
⁹ Car, moi qui suis soumis à des supérieurs, j'ai des soldats sous mes ordres; et je dis à l'un: Va! Et il va; à l'autre: Viens! Et il vient; et à mon serviteur: Fais cela! Et il le fait.
¹⁰ Après l'avoir entendu, Jésus fut dans l'étonnement, et il dit à ceux qui le suivaient: Je vous le dis en vérité, même en Israël je n'ai pas trouvé une aussi grande foi.
¹¹ Or, je vous déclare que plusieurs viendront de l'orient et de l'occident, et seront à table avec Abraham, Isaac et Jacob, dans le royaume des cieux.
¹² Mais les fils du royaume seront jetés dans les ténèbres du dehors, où il y aura des pleurs et des grincements de dents.
¹³ Puis Jésus dit au centenier: Va, qu'il te soit fait selon ta foi. Et à l'heure même le serviteur fut guéri. »
Matthieu 8 :5-13

Ce récit parle du centenier romain qui demandait au Seigneur Jésus-Christ de sauver un de ses serviteurs qui était malade. L'évangile selon Matthieu nous relate que Jésus voulait partir chez le centenier afin de prier pour ce serviteur, mais le centenier refusa et expliqua à Jésus comment les choses se font lorsqu'il est question d'exercer l'autorité dans un domaine.

Le centenier avait reconnu l'autorité de Jésus, et il montra à Jésus comment lui aussi étant une autorité, il opère. Alors, comme Jésus était réellement une autorité, il devait en principe fonctionner de cette façon là. Cette démonstration était d'une très grande stupéfaction pour le Seigneur Jésus, car il était là devant un homme qui a manifesté une grande foi.

> « *Après l'avoir entendu, Jésus fut dans l'étonnement, et il dit à ceux qui le suivaient: Je vous le dis en vérité, même en Israël je n'ai pas trouvé une aussi grande foi.* »
> Matthieu 8 :10

Qu'est-ce qui justifiait la foi du centenier romain ? C'était le fait qu'il connaissait comment les choses fonctionnent. Voilà pourquoi au verset 13 de ce texte le Seigneur Jésus lui a dit : « *... Va, qu'il te soit fait selon ta foi...* »

Voyons une dernière illustration sur la manière à laquelle le Seigneur Jésus interprétait la foi :

> « *² Une grande foule le suivait, parce qu'elle voyait les miracles qu'il opérait sur les malades.*
> *³ Jésus monta sur la montagne, et là il s'assit avec ses disciples.*
> *⁴ Or, la Pâque était proche, la fête des Juifs.*
> *⁵ Ayant levé les yeux, et voyant qu'une grande foule venait à lui, Jésus dit à Philippe: Où achèterons-nous des pains, pour que ces gens aient à manger?*
> *⁶ Il disait cela pour l'éprouver, car il savait ce qu'il allait faire.* »
> Jean 6 :2-6

Ce texte parle du miracle qu'avait fait le Seigneur Jésus en faisant manger plus de cinq milles personnes avec cinq pains et deux poissons.

De part les trois premières illustrations, nous pouvons déjà nous faire une idée de ce qu'est la foi. Et par cette dernière illustration, nous essayerons de donner une définition beaucoup plus compréhensible, simple et claire de la foi.

Le Seigneur Jésus avait demandé à Philippe son disciple où ils pouvaient trouver les pains pour acheter, or l'histoire nous montre qu'ils n'avaient pas assez d'argent qui pouvait leur permettre d'acheter le pain pour tous ces gens. Jésus connaissait cela et Il voyait aussi le nombre des gens qui l'avait suivi. Malgré cela, Il n'avait pas paniqué. C'est alors qu'il se tourna vers son disciple pour l'éprouver. Le Seigneur Jésus voulait tester Philippe. Il voulait savoir ce que pouvait faire Philippe dans une telle situation car Lui savait ce qu'il fallait faire.

Le test consistait à savoir ce qu'il fallait faire. Ceci est le test de la foi. Le Seigneur avait la foi et Il voulait éprouver maintenant la foi de son disciple Philippe.

Alors, qu'est-ce que la foi ?

La foi n'est rien d'autre que *le fait de connaître ce qu'il faut faire dans une situation quelconque.*

⇒ Avec le lunatique, les disciples ne savaient pas ce qu'il fallait faire (manque de foi).

⇒ Lors de la tempête, ils ne savaient pas ce qu'il fallait faire (manque de foi).

⇒ Le centenier romain savait ce que le Seigneur devrait faire (la foi).

⇒ Jésus pour nourrir plus de cinq milles personnes, Il savait ce qu'Il devrait faire (la foi).

La foi est fondamentale dans le Royaume de Dieu. C'est le principe fondamental pour ressembler à Dieu. L'homme a été créé à la ressemblance de Dieu, c'est-à-dire il doit fonctionner comme Dieu fonctionne. Et Dieu fonctionne par la foi. Ainsi, l'homme doit fonctionner aussi par la foi. La foi a comme soubassement la connaissance.

A. La connaissance

Le manque de connaissance rend l'homme victime dans beaucoup de situations. Aujourd'hui, plusieurs chrétiens sont victimes dans la vie à cause du manque de connaissance, car c'est la connaissance qui produit la foi. Sans la connaissance, il est impossible d'avoir la foi.

« Tu perdras par ta faute l'héritage que je t'avais donné; »
Jérémie 17 :4

« L'homme qui est en honneur, et qui n'a pas d'intelligence,
Est semblable aux bêtes que l'on égorge. »
Psaumes 49 :21

Le manque de connaissance rend l'homme victime. La Parole de Dieu dit qu'il sera comme une bête qu'on égorge, il perdra son héritage, son honneur, sa dignité, sa gloire, etc.

Il est impossible de vivre dans le royaume de Dieu et bénéficier des privilèges du royaume sans la connaissance.

> *« ⁵ Il est un mal que j'ai vu sous le soleil, comme une erreur provenant de celui qui gouverne:*
> *⁶ la folie occupe des postes très élevés, et des riches sont assis dans l'abaissement.*
> *⁷ J'ai vu des esclaves sur des chevaux, et des princes marchant sur terre comme des esclaves. »*
> *Ecclésiaste 10 :5-7*

Il y a des choses que l'homme fait, des erreurs qui l'écartent de son rang et de son honneur. Ces choses le privent de bénéficier de ses avantages, même lorsqu'il s'agit d'une personne née de nouveau ou d'un enfant de Dieu. Ces choses le privent d'accéder à sa gloire, elles l'empêchent de refléter sa vraie essence et sa vraie nature. Toutes ces choses trouvent leur racine dans le manque de la connaissance.

> *« ⁵ Ils n'ont ni savoir ni intelligence, Ils marchent dans les ténèbres; Tous les fondements de la terre sont ébranlés.*
> *⁶ J'avais dit: Vous êtes des dieux, Vous êtes tous des fils du Très Haut.*
> *⁷ Cependant vous mourrez comme des hommes, Vous tomberez comme un prince quelconque. »*
> *Psaumes 82 :5-7*

Le manque de connaissance fait marcher l'homme dans les ténèbres, l'endroit où le diable exerce son autorité. Les ténèbres sont la principauté du diable, c'est son domaine de règne. Car, il est appelé le prince des ténèbres. Lorsque quelqu'un n'a pas de connaissance, c'est-à-dire qu'il est ignorant, en dépit de son statut, il marchera dans le domaine où le diable règne. C'est pour cela que Dieu dit dans Sa Parole :

« Mon peuple est détruit, parce qu'il lui manque la connaissance. Puisque tu as rejeté la connaissance, Je te rejetterai, et tu seras dépouillé de mon sacerdoce; Puisque tu as oublié la loi de ton Dieu, J'oublierai aussi tes enfants. »
Osée 4 :6

L'ignorance (le manque de connaissance) est ce qui favorise la destruction du peuple de Dieu. Beaucoup d'enfants de Dieu sont dans des difficultés aujourd'hui à cause de l'ignorance.

L'ignorance est l'ennemi du peuple de Dieu. Elle empêche le peuple de Dieu à être agréable dans la cour divine. *« ... Puisque tu as rejeté la connaissance, Je te rejetterai, et tu seras dépouillé de mon sacerdoce; ... »* C'est l'ignorance qui détruit le peuple de Dieu. Elle est la force agissante derrière toute destruction. La Parole de Dieu nous dit que le manque de connaissance (l'ignorance) n'est bon pour personne.

« Le manque de science n'est bon pour personne, ... »
Proverbes 19 :2

C'est l'ignorance qui attire la malédiction sur les hommes.

« Mais cette foule qui ne connaît pas la loi, ce sont des maudits! »
Jean 7 :49

L'ignorance fait marcher l'homme dans l'erreur.

« Jésus leur répondit: Vous êtes dans l'erreur, parce que vous ne comprenez ni les Écritures, ni la puissance de Dieu. »
Matthieu 22 :29

L'homme a besoin de la connaissance afin d'éviter que toutes ces choses (la destruction, la malédiction, le rejet par Dieu, l'oppression du diable, l'erreur dans la vie, etc.) lui arrivent dans la vie.

Mais, nous devons faire attention, car il ne s'agit pas de n'importe quelle connaissance. Car toutes connaissances ne sont pas bonnes pour l'homme. Il existe aussi des connaissances qui peuvent amener l'homme à la destruction et à la mort.

Les événements que nous vivons aujourd'hui dans des différentes sociétés : les guerres, les suicides, les meurtres, les attentats, la violence, la prostitution, la délinquance, etc. Ces choses sont toutes des produits de la connaissance d'une manière ou d'une autre. C'est la connaissance qui rend l'homme esclave de ses actes.

C'est pourquoi le Seigneur Jésus dit :

« Vous connaîtrez la vérité, et la vérité vous affranchira. »
Jean 8 :32

C'est la connaissance de la vérité qui détient le pouvoir de libérer l'homme, pas d'autres connaissances. Pour que l'homme devienne libre et prêt pour les bonnes œuvres, il a besoin de la connaissance de la vérité.

B. Qu'est-ce que la vérité ?

Selon le dictionnaire, la vérité est définit comme :
Toute proposition vraie, dont l'énoncé exprime la conformité d'une idée avec son objet.
Une vérité ne rien d'autre qu'une proposition exprimant l'idée originale de l'objet. Ainsi, la vérité d'un objet ne peut se trouver qu'auprès de la personne qui a conçu ou créé l'objet.

La vérité ne se trouve que chez le créateur. Car avant de créer, le créateur avait une idée, une pensée qui l'a poussé de créer l'objet. C'est cette pensée ou cette idée qui est la motivation principale de la création de l'objet. Sans cette pensée ou cette idée, l'objet n'existerait pas. Aucun fabricant ne commence d'abord à créer l'objet puis ensuite il se demande ou cherche le pourquoi et la raison de l'existence de son produit. Il y a une raison qui précède toujours la création. Ne dit-on pas :
« l'essence précède l'existence »

Le monde dans lequel nous vivons n'est pas un produit du hasard. C'est un produit de la création de Dieu. L'homme et la femme sont tous des créatures de Dieu. Dieu est le maître créateur de toute existence.

> **« ... et de mettre en lumière quelle est la dispensation du mystère caché de tout temps en Dieu qui a créé toutes choses, »**
> **Ephésiens 3 :9**

> **« Mais au commencement de la création, Dieu fit l'homme et la femme; »**
> **Marc 10 :6**

Par conséquent, la vérité sur ce monde et la vérité sur l'homme et sur la femme ne peuvent se trouver qu'auprès de Dieu. La vérité sur votre vie ne se trouve chez aucune personne de ce monde, ni chez vos parents. Mais elle se trouve auprès de Dieu. C'est Lui votre créateur. C'est Lui qui vous a créé. Vous n'êtes pas le fruit de la volonté des hommes, non ! C'est par la volonté de Dieu que vous existez. Auprès de Dieu, il n'existe pas d'enfant illégitime. Tout enfant qui naît dans le monde est un enfant légitime chez Dieu. Raison pour laquelle vos parents ne connaissent pas la vérité sur vous. Ils ne sont pas les créateurs de votre vie. Dieu les a seulement utilisés pour votre venue sur la terre. Par conséquent, c'est Dieu qui est votre créateur et c'est Lui qui détient la vérité sur votre vie.

Dieu a une pensée pour vous, il y a quelque chose qui L'a poussée à vous créer. Il a un plan pour votre vie. Ce plan est ce qui constitue votre vérité. Et l'Esprit de Dieu révèle le moyen de prendre connaissance de votre vérité. Ce moyen est la Parole de Dieu. L'Esprit de Dieu vous éclaire afin de pouvoir comprendre cette vérité au travers de la Parole de Dieu.

> *« [16] Toute Écriture est inspirée de Dieu, et utile pour enseigner, pour convaincre, pour corriger, pour instruire dans la justice,*
> *[17] afin que l'homme de Dieu soit accompli et propre à toute bonne œuvre. »*
> *2Timothée 3 :16-17*

La Bible nous informe que toutes choses ont été faites par la Parole de Dieu. Il en va de même pour votre vie.

> *« Toutes choses ont été faites par elle, et rien de ce qui a été fait n'a été fait sans elle. »*
> *Jean 1 :3*

Comme votre vie aussi a été faite par la Parole de Dieu ; tout ce que vous voudriez faire, doit être fait selon la Parole de Dieu car elle est la vérité. Cette quête est le chemin qui vous mènera à la découverte de la vérité sur votre existence et vous aurez ainsi une vie significative.

« Jésus lui dit: Je suis le chemin, la vérité, et la vie… »
Jean 14 :6

La parole de Dieu est la vérité de toute existence, y compris votre vie. C'est pour cela qu'il est indispensable à l'homme de lire et d'écouter la Parole de Dieu. En écoutant la Parole de Dieu, vous serez entrain de recevoir la connaissance de la vérité. Et, c'est la connaissance de la vérité qui générera en vous la foi.

« Ainsi la foi vient de ce qu'on entend, et ce qu'on entend vient de la parole de Christ. »
Romains 10 :17

Lorsque vous entendez la Parole de Dieu, cela vous donne la connaissance. En agissant selon cette connaissance, vous expérimentez ce qu'on appelle la foi.

La foi c'est savoir comment les choses fonctionnent. C'est savoir au travers de la Parole de Dieu comment faire fonctionner les choses.

Jésus dit que tout ce qu'Il faisait sur la terre, c'est Son Père qui Lui avait enseigné. Il n'a rien fait par Lui-même. La Foi lui fut donnée par Son Père, c'est ce qui justifia tous les miracles qu'Il a accompli.

L'homme qui a compris ces choses est celui qui sera agréé par Dieu et sera ainsi justifié afin d'atteindre le dernier niveau du plan originel de Dieu qui est celui de la gloire.

Ma prière est que l'Esprit de Dieu vous ouvre les yeux afin que vous compreniez le plan originel de Dieu pour votre vie et que vous ayez la foi pour l'atteindre.
Que cela vous soit donné au nom de Jésus-Christ !

6

LE JUGEMENT
ET
LA RECOMPENSE ETERNELLE

*L*homme est un envoyé de Dieu sur la terre. Tel que vous êtes, vous avez une mission à accomplir, un plan à exécuter ici sur la terre. La Bible dit que nous sommes des ambassadeurs sur la terre ;

« [19] Priez pour moi, afin qu'il me soit donné, quand j'ouvre la bouche, de faire connaître hardiment et librement le mystère de l'Évangile,
[20] pour lequel je suis ambassadeur... »
Ephésiens 6 :19-20

« Nous faisons donc les fonctions d'ambassadeurs pour Christ, ... »
2 Corinthiens 5 :20

Un ambassadeur est un représentant d'un Etat auprès d'un autre Etat ; il est aussi une personne envoyée par le gouvernement afin d'accomplir une mission bien précise. Cette mission est donc le plan originel de Dieu pour l'homme.

Après une mission il est donc exigé à l'ambassadeur de rendre compte de ce qu'il a accompli durant sa mission. Et après quoi viendra une récompense pour lui.

La récompense ou jugement qui vous est réservé à la fin de temps dépend totalement du plan pour lequel vous existez sur la terre. Le non-accomplissement du plan de Dieu a pour conséquence le rejet par Dieu et le jugement. Le Seigneur Jésus a montré comment sera la scène dans la parabole de talents dans l'évangile de **Matthieu 25 :14-30**

« [14] Il en sera comme d'un homme qui, partant pour un voyage, appela ses serviteurs, et leur remit ses biens.
[15] Il donna cinq talents à l'un, deux à l'autre, et un au troisième, à chacun selon sa capacité, et il partit.
[16] Aussitôt celui qui avait reçu les cinq talents s'en alla, les fit valoir, et il gagna cinq autres talents.

¹⁷ De même, celui qui avait reçu les deux talents en gagna deux autres.
¹⁸ Celui qui n'en avait reçu qu'un alla faire un creux dans la terre, et cacha l'argent de son maître.
¹⁹ Longtemps après, le maître de ces serviteurs revint, et leur fit rendre compte.
²⁰ Celui qui avait reçu les cinq talents s'approcha, en apportant cinq autres talents, et il dit: Seigneur, tu m'as remis cinq talents; voici, j'en ai gagné cinq autres.
²¹ Son maître lui dit: C'est bien, bon et fidèle serviteur; tu as été fidèle en peu de chose, je te confierai beaucoup; entre dans la joie de ton maître.
²² Celui qui avait reçu les deux talents s'approcha aussi, et il dit: Seigneur, tu m'as remis deux talents; voici, j'en ai gagné deux autres.
²³ Son maître lui dit: C'est bien, bon et fidèle serviteur; tu as été fidèle en peu de chose, je te confierai beaucoup; entre dans la joie de ton maître.
²⁴ Celui qui n'avait reçu qu'un talent s'approcha ensuite, et il dit: Seigneur, je savais que tu es un homme dur, qui moissonnes où tu n'as pas semé, et qui amasses où tu n'as pas vanné;
²⁵ j'ai eu peur, et je suis allé cacher ton talent dans la terre; voici, prends ce qui est à toi.
²⁶ Son maître lui répondit: Serviteur méchant et paresseux, tu savais que je moissonne où je n'ai pas semé, et que j'amasse où je n'ai pas vanné;
²⁷ il te fallait donc remettre mon argent aux banquiers, et, à mon retour, j'aurais retiré ce qui est à moi avec un intérêt.
²⁸ Otez-lui donc le talent, et donnez-le à celui qui a les dix talents.
²⁹ Car on donnera à celui qui a, et il sera dans l'abondance, mais à celui qui n'a pas on ôtera même ce qu'il a.

³⁰ Et le serviteur inutile, jetez-le dans les ténèbres du dehors, où il y aura des pleurs et des grincements de dents. »

Ceci nous montre clairement que le jugement et la récompense dépendront tous deux de la mission que nous avons à accomplir ici sur la terre. Le jugement éternel est réservé à ceux qui refuseront d'accomplir leur plan. Mais pour ceux qui seront fidèle par l'accomplissement du plan de Dieu pour leur vie, La Parole de Dieu dit ceci :

« *⁷... A celui qui vaincra je donnerai à manger de l'arbre de vie, qui est dans le paradis de Dieu.*
¹¹ ... Celui qui vaincra n'aura pas à souffrir la seconde mort.
¹⁷... A celui qui vaincra je donnerai de la manne cachée, et je lui donnerai un caillou blanc; et sur ce caillou est écrit un nom nouveau, que personne ne connaît, si ce n'est celui qui le reçoit.
²⁶ A celui qui vaincra, et qui gardera jusqu'à la fin mes œuvres, je donnerai autorité sur les nations.
²⁷ Il les paîtra avec une verge de fer, comme on brise les vases d'argile, ainsi que moi-même j'en ai reçu le pouvoir de mon Père.
²⁸ Et je lui donnerai l'étoile du matin.
³:⁵ Celui qui vaincra sera revêtu ainsi de vêtements blancs; je n'effacerai point son nom du livre de vie, et je confesserai son nom devant mon Père et devant ses anges.
¹² Celui qui vaincra, je ferai de lui une colonne dans le temple de mon Dieu, et il n'en sortira plus; j'écrirai sur lui le nom de mon Dieu, et le nom de la ville de mon Dieu, de la nouvelle Jérusalem qui descend du ciel d'auprès de mon Dieu, et mon nom nouveau.

> *²¹ Celui qui vaincra, je le ferai asseoir avec moi sur mon trône, comme moi j'ai vaincu et me suis assis avec mon Père sur son trône. »*
> *Apocalypse 2 :7, 11, 17, 26-28 ; 3 :5, 12, 21*

Le temps vous est donné pour que vous saisissiez cette opportunité. Ne la ratez pas, saisissez-la ! C'est la période que Dieu vous a donnée afin que vous délivrez au monde ce qu'Il a mis en vous et éviter ainsi le jugement.

Je crois et je mets toute mon espérance en vous, que vous accomplirez fidèlement votre mission et votre créateur sera fier de vous avoir envoyé sur la terre.

Soyez bénis en réalisant le plan original de Dieu pour votre vie, Au nom de Jésus-Christ !

AMEN!

A Propos de l'Auteur

James Otepa Kudura

Est pasteur et fondateur du centre d'encadrement et d'épanouissement chrétien (CENEC), un ministère qui se base à Kinshasa en République Démocratique du Congo, qui renferme en son sein une église et un centre d'initiation en management et leadership. Son message est basé sur *l'enseignement de principes de Dieu*. Il est diplômé en Mathématiques – Informatique, et Breveté en Management et Efficacité personnelle. Il œuvre actuellement en Europe. Il est marié à Jasmine Kudura, ensemble ils ont trois enfants (Djemine, Marc-Achille et Hendrika).

TABLE DE MATIERE

DEDICACE *5*
PREFACE *7*
PROLOGUE *9*
INTRODUCTION *11*
LE PLAN ORIGINEL DE DIEU POUR L'HOMME *21*
LES CINQ NIVEAUX DU PLAN ORIGINEL DE DIEU *29*
COMPRENDRE LA NOTION *35*
DU TEMPS *35*
L'ACCOMPLISSEMENT *49*
DU PLAN ORIGINEL DE DIEU *49*
LE PRINCIPE DE LA FOI *57*
LE JUGEMENT *73*
ET *73*
LA RECOMPENSE ETERNELLE *73*

80

Printed in Great Britain
by Amazon